Forderheft

Erarbeitet von
Petra Gerstner

Illustriert von
Friederike Ablang
Cleo-Petra Kurze
Martina Theisen

Inhaltsverzeichnis

Daten und Zufall

Größen und Sachrechnen

Entdecken und rechnen

Das vorliegende Forderheft wurde speziell für Kinder mit einer schnellen Auffassungsgabe und einem besonderen Interesse im mathematischen Bereich entwickelt. Es bietet Kindern, die die Aufgaben im Buch rasch und sicher bearbeiten, eine motivierende Weiterarbeit. Neue Aufgabenformate, herausfordernde Aufgaben sowie Aufgaben mit Knobelcharakter regen sie zum Nachdenken an.

Da die Seiten nicht den einzelnen Schulbuchseiten, sondern den Kapiteln im Schulbuch zugeordnet sind, müssen die Seiten nicht strikt der Reihe nach bearbeitet werden. Vielmehr können die Kinder innerhalb eines Kapitels flexibel vorgehen. Es können Seiten übersprungen und zu einem späteren Zeitpunkt bearbeitet werden.

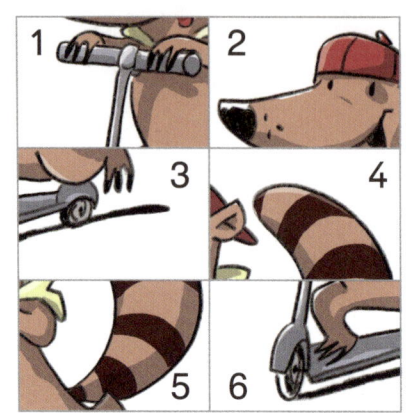

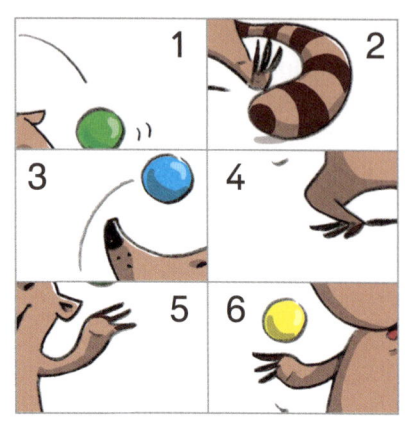

4	

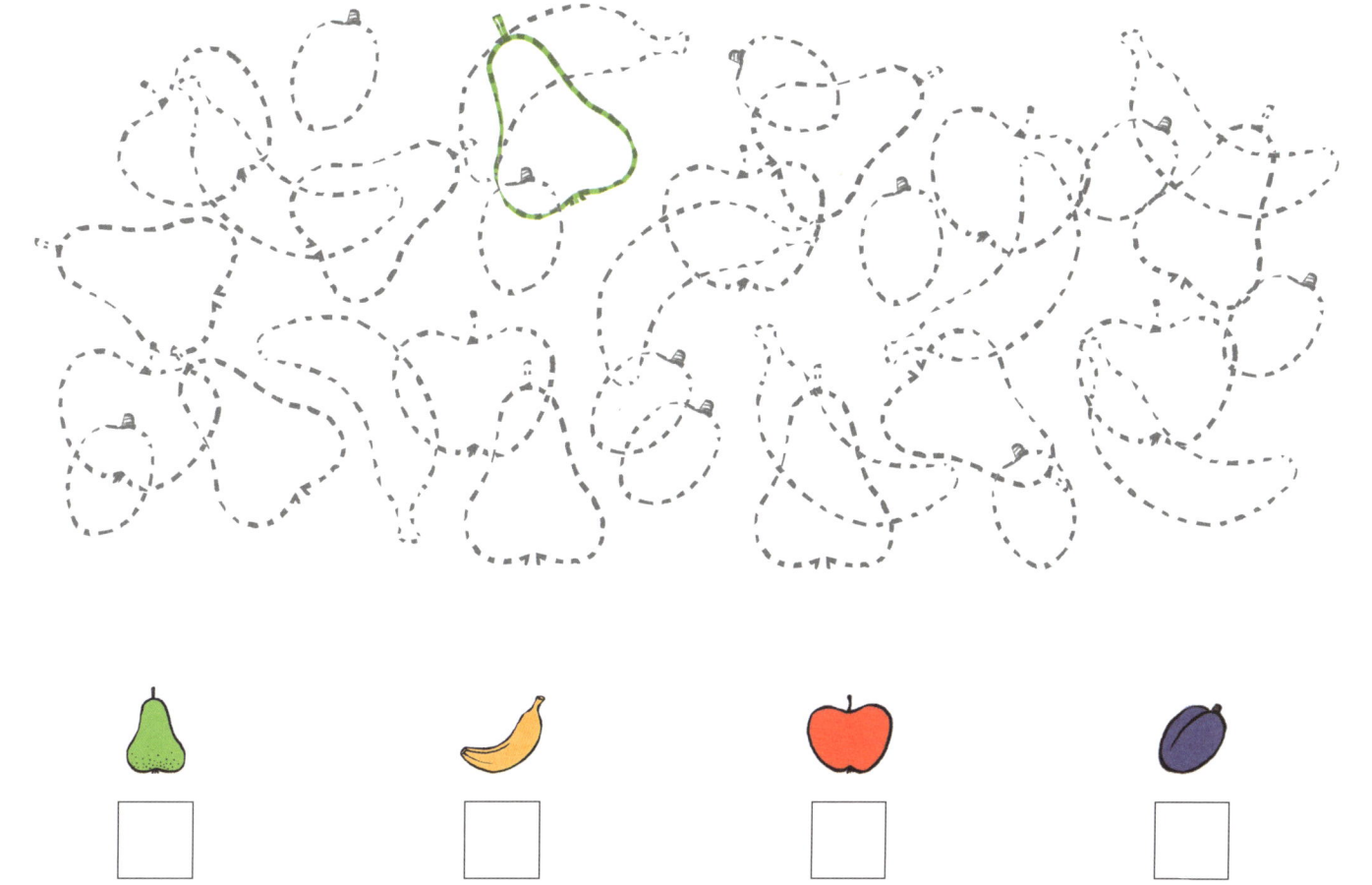

1

| 7 | 8 | 9 | 10 | 11 | 12 |

2

| 5 | 8 | 10 | 6 | 9 | 7 |

Immer 1 Würfel zu viel: Streiche durch.

8

9

6

10

10

7

8

9

Sudokus

Spalte

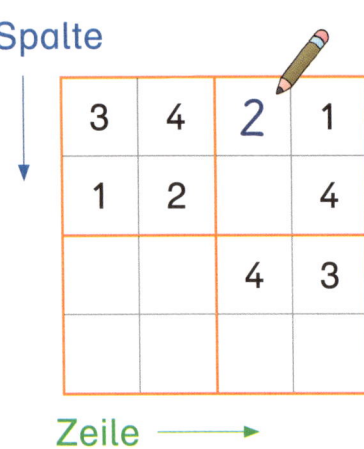

3	4	2	1
1	2		4
		4	3

1	1
~~2~~	2
2	3
3	4

Zeile

Die Zahlen von 1 bis 4 dürfen in jeder Spalte, in jeder Zeile und in jedem kleinen Viereck nur einmal vorkommen.

	1		
3		1	
4		2	
	2	4	3

3		2	
2			3
	2		4
4			

			3
3	2	1	
		1	
2	3		

Sudokus

6	2	3		4	
	1	4			3
			1	3	
1	3		4		
3	4	1	2		6
			5	3	

1					2
5	2	6			4
		4	2	1	
2	5		3	4	
6			4	2	3
4				5	1

Die Zahlen von 1 bis 6
dürfen in jeder Spalte,
in jeder Zeile und in
jedem kleinen Viereck
nur einmal vorkommen.

4			5		2
5	6	2	4		1
2	5		1	4	6
			2		
	1		6		4
6	2	4			5

3	5			4	
	4	2		5	1
		4		1	3
			5	6	
	2	5			
1	3		4		5

	6			5	
	5		2		3
3	4				
		2	3		6
		1			5
4			5	6	2

Die Zahlen von 1 bis 9 dürfen in jeder Spalte, in jeder Zeile und in jedem kleinen Viereck nur einmal vorkommen.

	5	1	8	2		9		
	6		5		9	3	7	2
7	9							5
	7	8	4		6			1
6		3		5			8	9
1		9		8				4
2			1	4		6		
		6			2	1	5	3
9	1	5	3	6	8		2	7

	8			4	6			9
		9	5	8		2		
	6	5	1		9	7	3	8
3					1			
8	9		2			6		4
2	5	6	4	1	8		7	
9			7					
5		8			2		9	
	4	7	8		1	3	2	

Welche Zahlen verstecken sich jeweils hinter den Früchten?

 > 4

 < 10

 > 6

3 <

 < 8

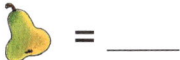 > 5

 = _____

 < 8

4 >

1 < 🍎

🍎 > 2

6 > 🍎

0 < 🍎

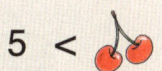 = _____

10 > 🍒

🍒 < 9

🍒 > 2

9 >

5 <

7 < 🍒

🍒 = _____

2 < 🍓

🍓 < 8

3 < 🍓

5 > 🍓

7 > 🍓

🍓 < 6

🍓 = _____

4 <

🍋 < 9

3 < 🍋

8 > 🍋

7 > 🍋

 > 5

🍋 = _____

Links – rechts, oben – unten

✏️ Wo sieht Robin die Dinge?
Kreuze an.

oben	links	
oben	rechts	
unten	links	
unten	rechts	

oben	links	
oben	rechts	
unten	links	
unten	rechts	

oben	links	
oben	rechts	
unten	links	
unten	rechts	

oben	links	
oben	rechts	
unten	links	
unten	rechts	

✎ Wo sieht Jana die Dinge?
Kreuze an.

oben	links	
oben	rechts	
unten	links	
unten	rechts	

oben	links	
oben	rechts	
unten	links	
unten	rechts	

oben	links	
oben	rechts	
unten	links	
unten	rechts	

oben	links	
oben	rechts	
unten	links	
unten	rechts	

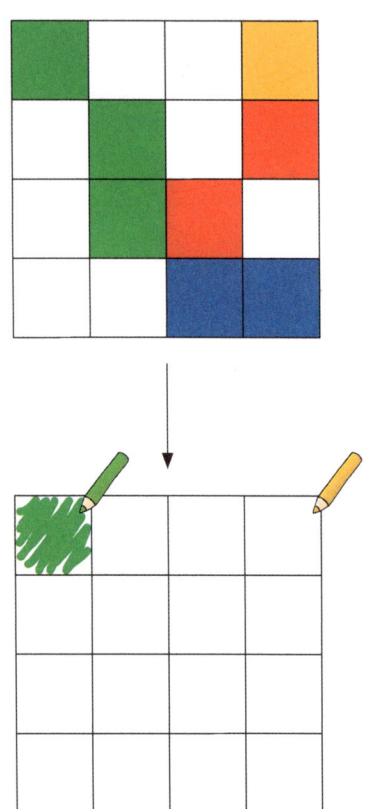

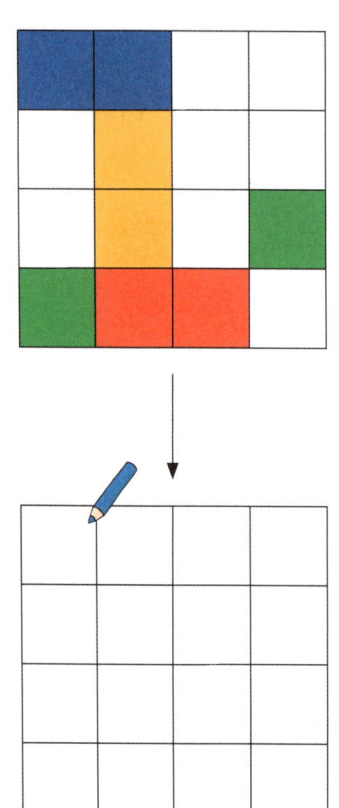

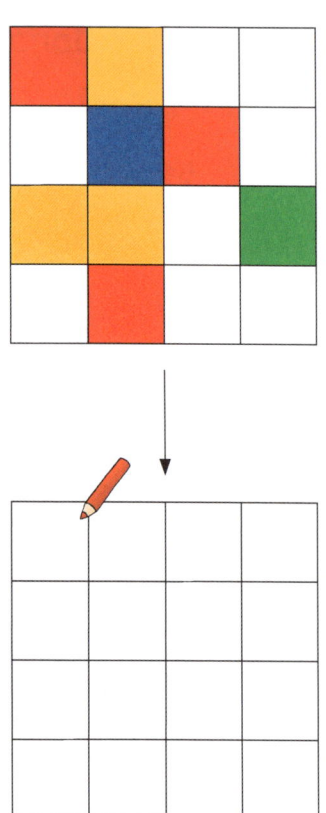

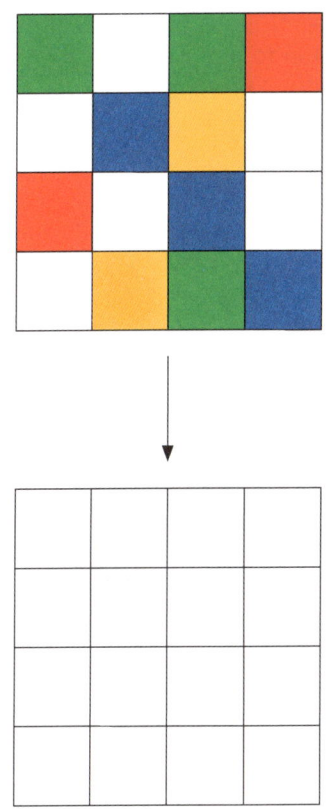

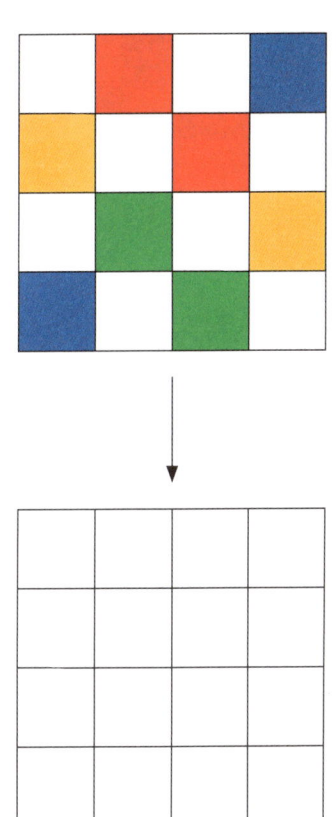

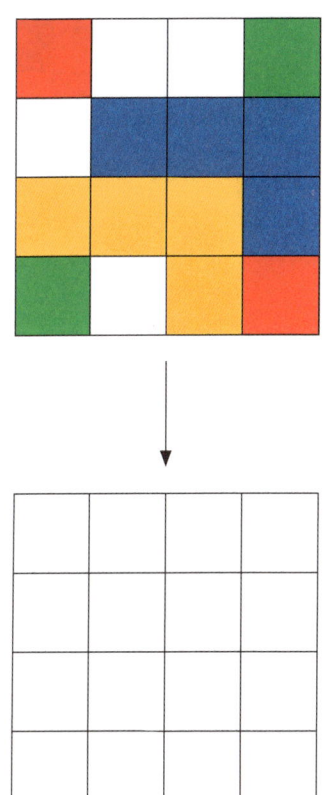

Musterschlangen

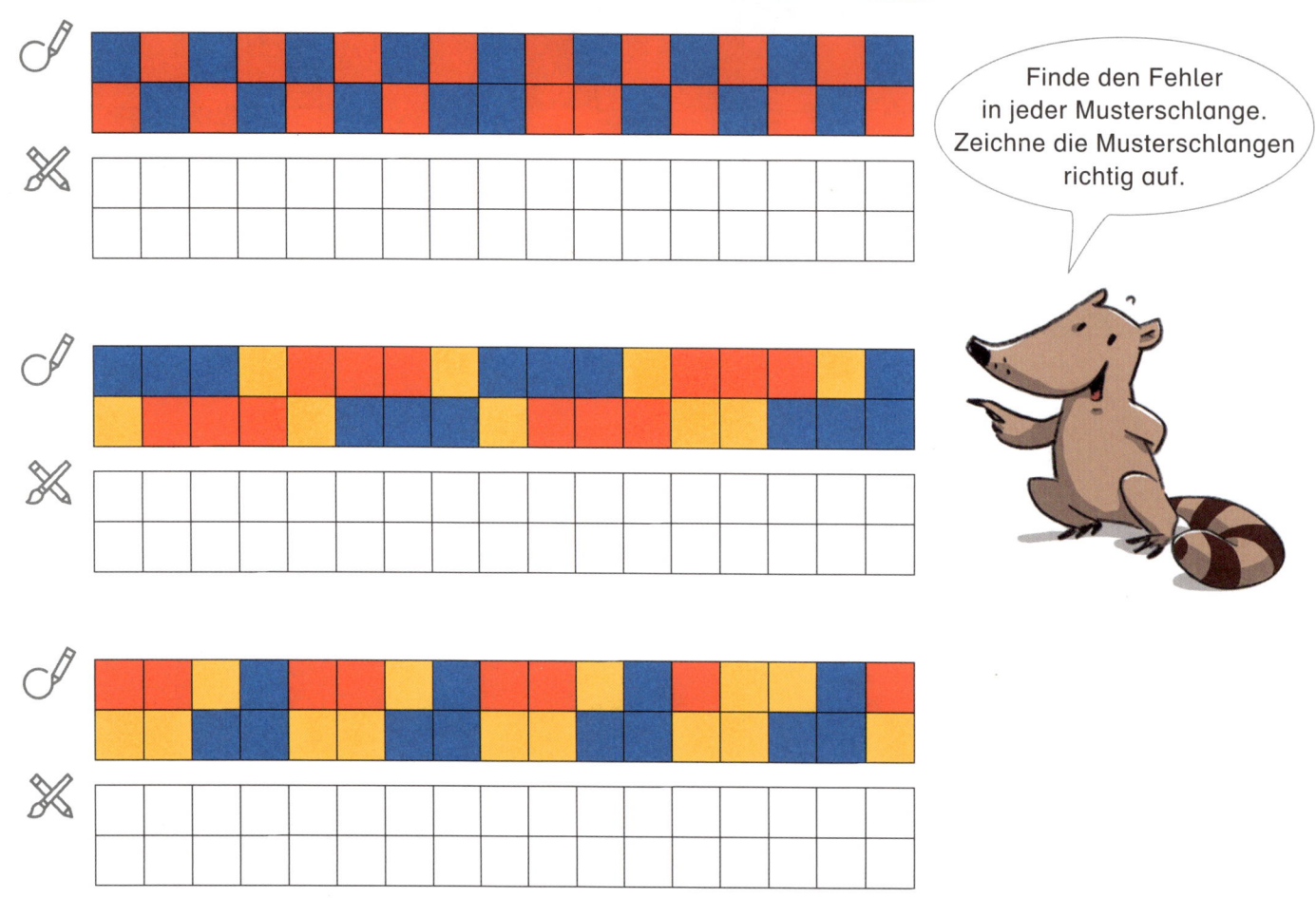

Finde den Fehler in jeder Musterschlange. Zeichne die Musterschlangen richtig auf.

Zahlen zerlegen

7

1	4	2
	1	3
2		2
	3	0
2		1
	5	
	6	

9

	1	
	2	
	3	
	4	
	5	
	6	
	7	

10

2		
		7
1		
		4
6		
	3	
	5	

8

	6	
2		
		3
	4	
7		
	5	
		2

Dreibild-Geschichten

Male das fehlende Bild. Schreibe die Aufgabe.

   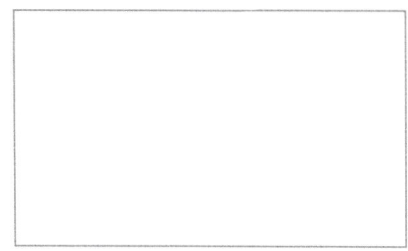   

_____   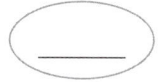 _____   = _____

      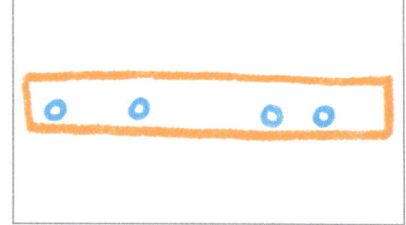

_____    _____   = _____

Male das fehlende Bild. Schreibe die Aufgabe.

___   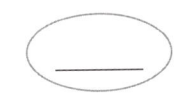   = ___

___   ___   = ___

Rechenmauern

Rechenmauern mit Lücken

___ + 3 = 5

5

3

2   0

0 + ___ = 3

6

3

2   2

10

6

1   3

9

3

2   4

10

6

3   1

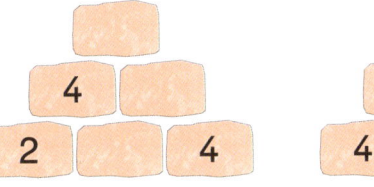

4

2   4

5

4   2

9

5

2   2

10

5

3   3

4

2   1

4

2   0

3

3   1

9

4

3   2

5

4   1

Rechenmauern zum Puzzeln

1	1
2	6
7	9̶

	9	

2	2
4	4
6	10

1	1
2	4
5	7

1	2
3	4
5	8

2	3
3	5
5	10

1	3
4	4
5	9

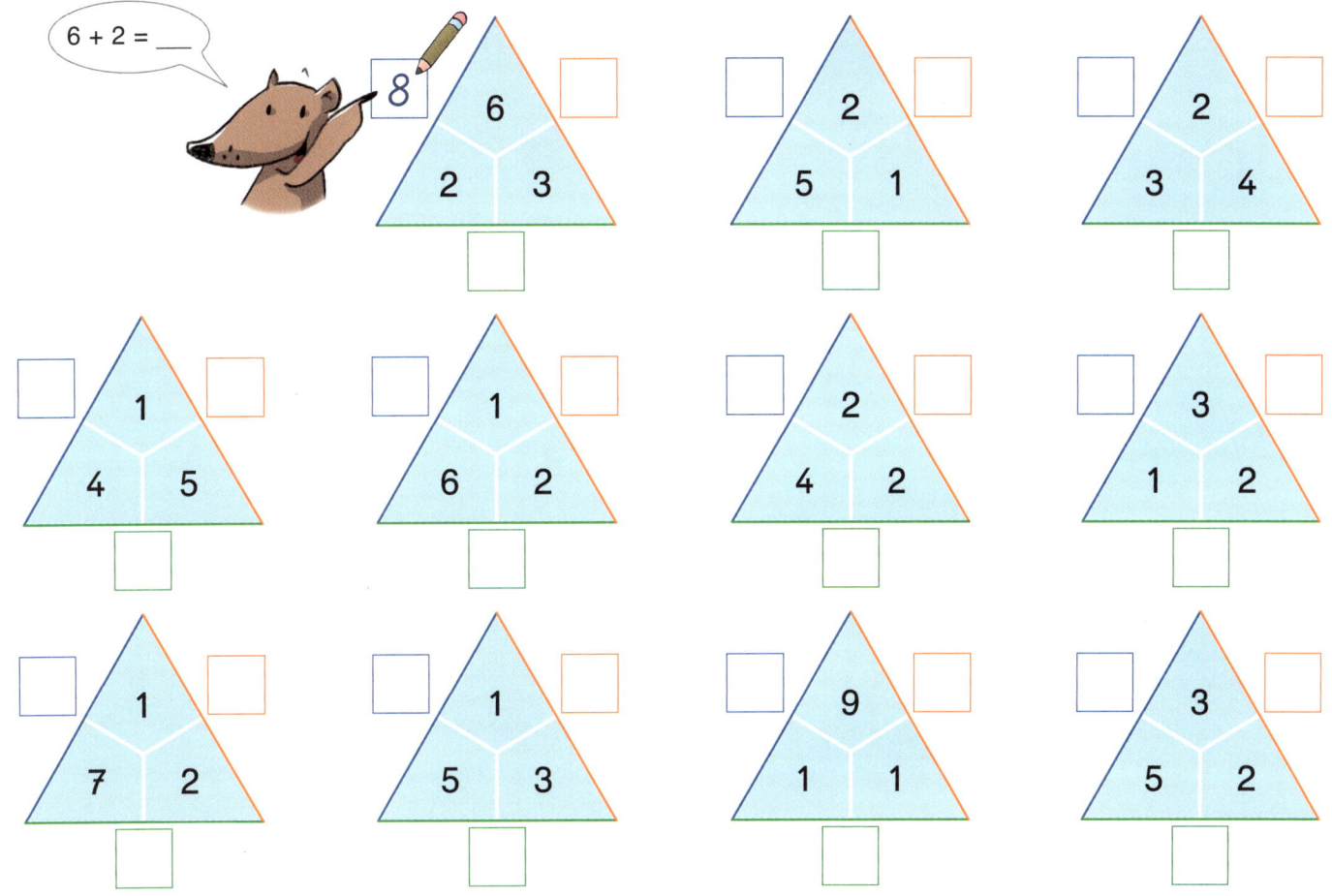

6 + 2 = ___   8

Rechendreiecke mit Lücken

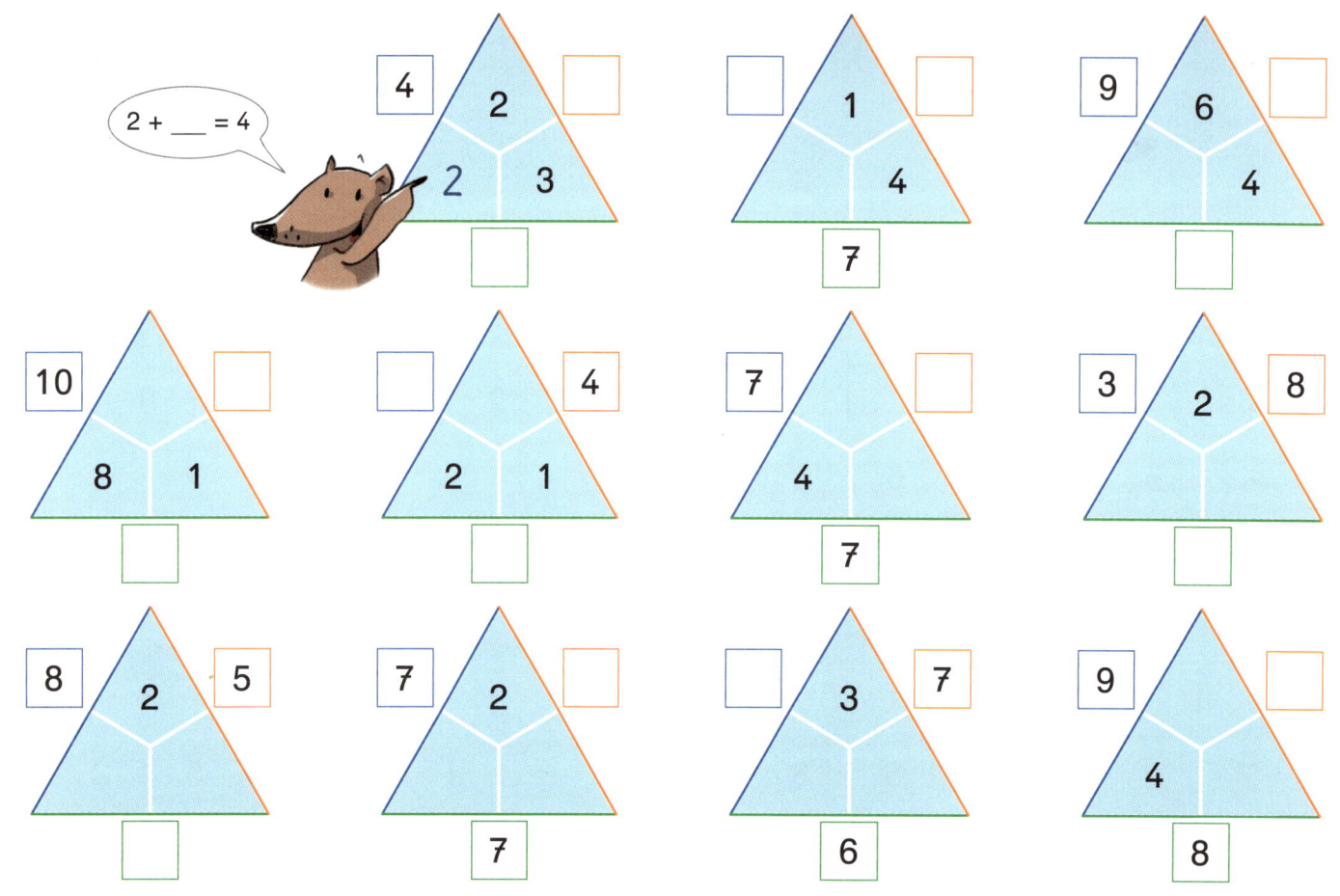

2 + ___ = 4

Trage die Zahlen passend ein.

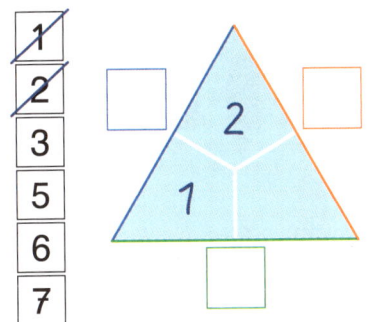

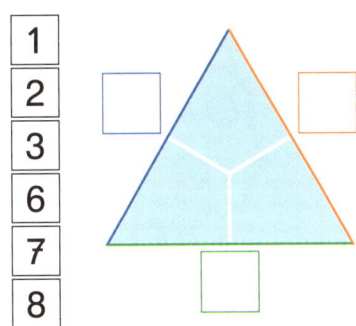

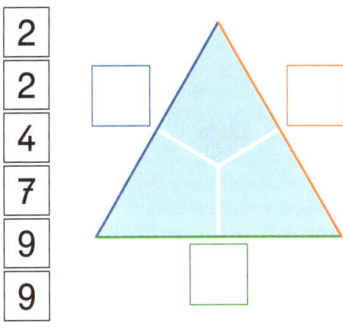

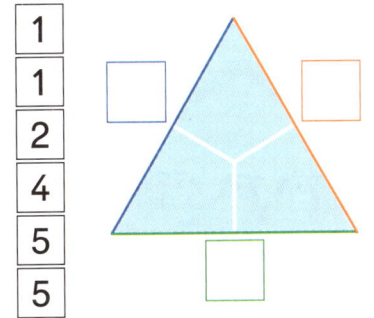

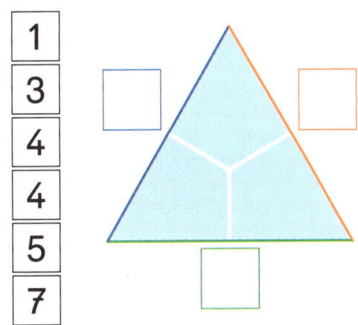

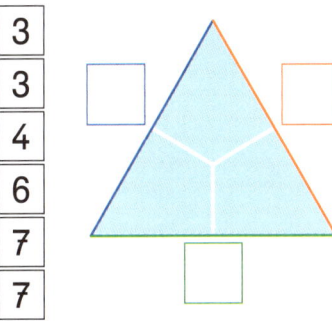

Verändere die Bilder so, dass sie zur Rechenaufgabe passen.

5 + 3 = ___

10 − 3 = ___

9 − 4 = ___

3 + 4 = ___

4 + 3 = ___

6 − 3 = ___

Finde 18 Plusaufgaben.

2 + 4 = 6

1 + 1 = 2

5	4	2	1	6	2	9	1	1	2	5	6	8	1	9	0
3	2	7	4	5	4	8	9	3	7	2	4	8	3	1	3
8	9	4	6	3	6	4	3	7	8	4	5	1	3	6	5
0	3	2	8	1	5	0	3	2	6	9	1	8	6	9	7
1	4	5	3	6	9	5	1	3	5	3	6	7	8	9	8
9	3	4	7	8	1	2	0	3	9	4	2	7	4	8	1
4	9	3	1	6	2	7	4	4	8	0	5	4	2	5	9
2	1	4	7	8	6	5	6	2	3	8	7	0	6	3	1
5	3	7	9	1	8	4	1	8	2	2	4	9	8	4	5
9	1	7	1	6	3	7	2	9	4	1	7	3	5	0	9
2	8	5	4	9	6	7	0	8	2	4	1	7	8	3	6

$5 + 3 - 6 + 7 - 4 = \underline{}$

$10 - 6 - 2 + 8 - 5 - 4 + 7 = \underline{}$

$10 - 5 + 2 + 3 - 9 = \underline{}$

$2 + 5 - 4 + 3 + 4 - 6 - 1 = \underline{}$

$2 + 6 - 3 + 4 - 8 = \underline{}$

$7 - 7 + 5 + 4 - 8 + 6 + 3 = \underline{}$

$8 - 4 + 3 + 2 + 1 = \underline{}$

$5 - 2 + 4 - 6 + 9 - 3 + 1 = \underline{}$

$0 + 7 + 2 - 5 - 2 = \underline{}$

$3 + 3 + 3 - 8 + 0 + 6 + 2 = \underline{}$

$4 + 5 - 6 - 2 + 5 = \underline{}$

$4 + 4 + 2 - 7 + 3 + 3 + 1 = \underline{}$

___ + ___ − ___ + ___ = 10

___ + ___ − ___ + ___ = 9

___ + ___ − ___ + ___ = 8

___ + ___ − ___ + ___ = 7

___ + ___ − ___ + ___ = 6

___ + ___ − ___ + ___ = 5

___ − ___ − ___ + ___ = 8

___ + ___ − ___ − ___ = 10

___ + ___ + ___ + ___ = 9

___ − ___ − ___ + ___ = 3

___ + ___ − ___ + ___ = 1

___ − ___ − ___ − ___ = 6

Ausschnitte finden

 Umrahme diese Ausschnitte im großen Bild. Male die Formen richtig an.

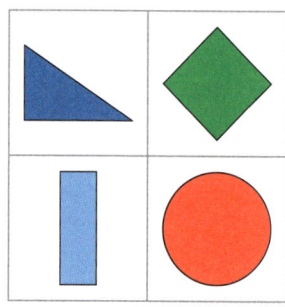

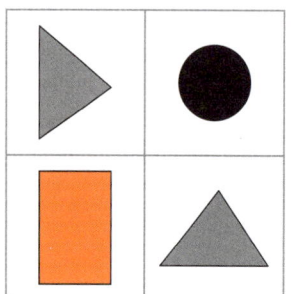

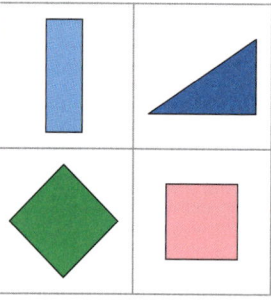

Rechtecke finden

Finde 7 Rechtecke. Verbinde die Punkte.

✎ Finde 7 Quadrate. Verbinde die Punkte.

Quadratpuzzle

Welche Teile bilden zusammen ein Quadrat? Färbe sie gleich.

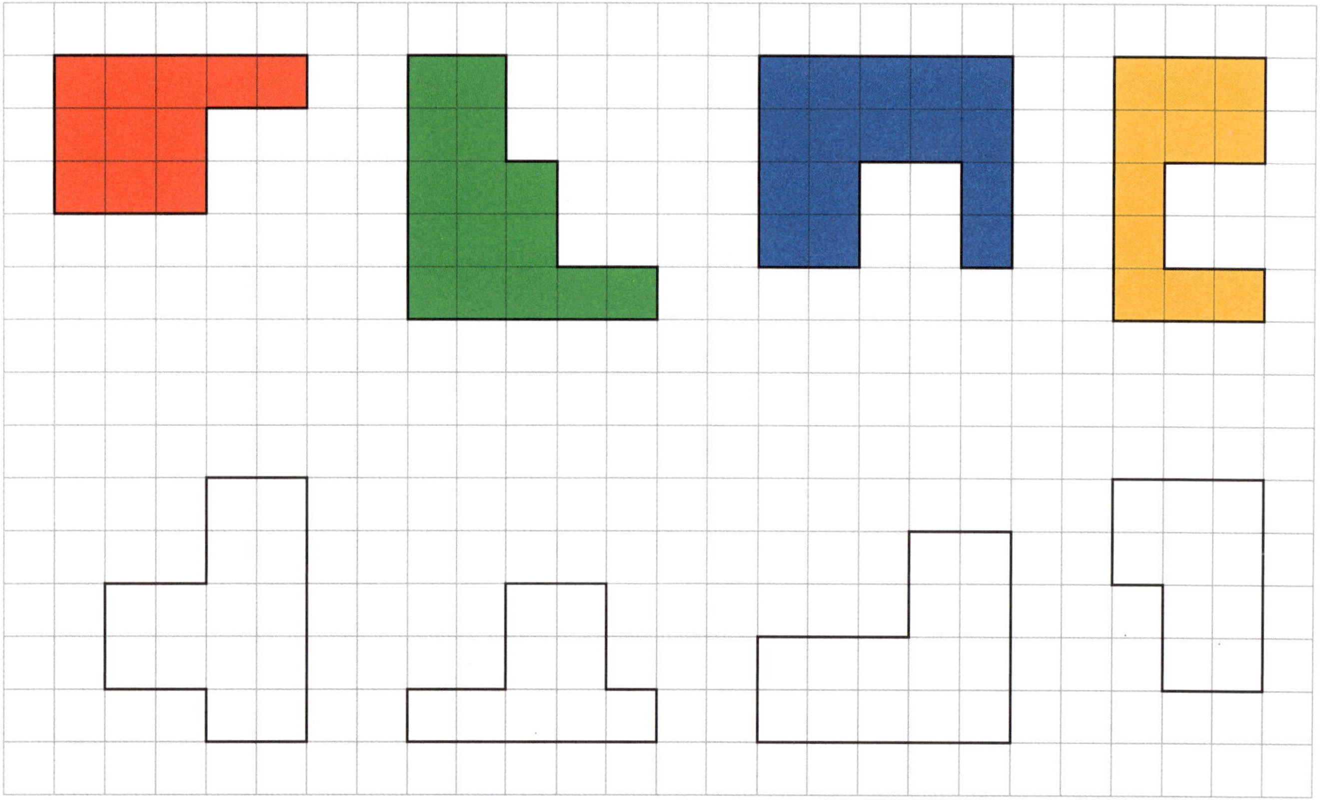

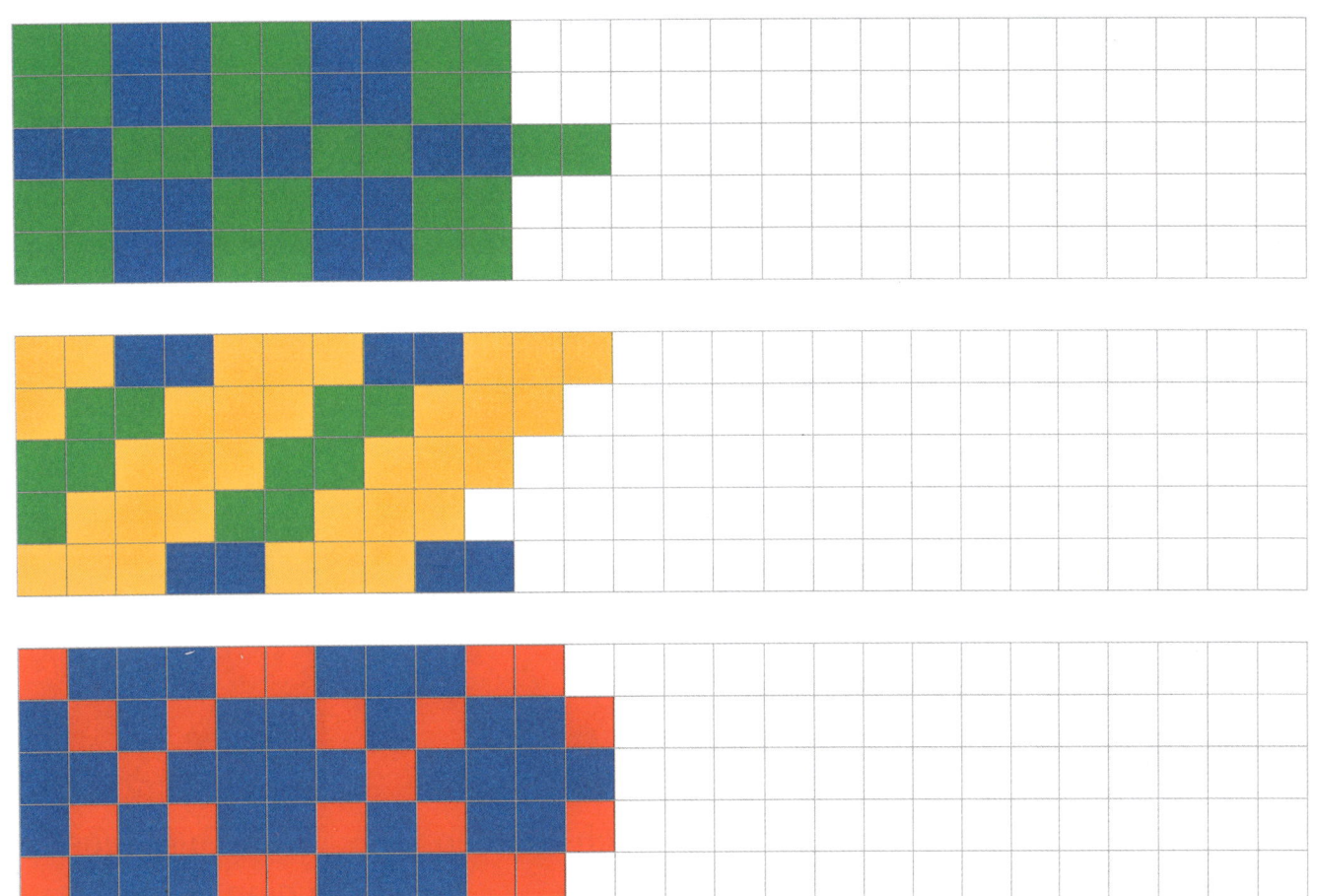

Fisch falten

Ein quadratisches Blatt zweimal von Ecke zu Ecke falten.

Blatt wenden und zweimal von Kante zu Kante falten.

Die beiden Seiten zusammen drücken, …

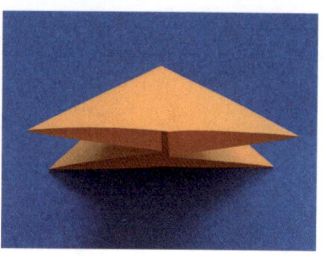

… sodass ein doppeltes Dreieck entsteht.

Die untere Spitze nach oben falten.

Die obere Spitze nach unten falten.

Fisch wenden …

… und ein Auge malen. Fertig!

1 Wie geht es weiter?

| 2 | 6 | 10 | | | |

| 17 | 15 | 13 | | | |

| 21 | 18 | 15 | | | |

| 2 | 3 | 5 | 8 | | |

| 8 | 11 | 14 | | | |

| 26 | 21 | 16 | | | |

2 Hier stimmt was nicht. Kreise die falsche Zahl ein.

| 5 | 7 | 10 | 11 | 13 | 15 |

| 16 | 15 | 12 | 10 | 8 | 6 |

| 19 | 16 | 13 | 11 | 7 | 4 |

| 22 | 18 | 14 | 11 | 6 | 2 |

| 1 | 5 | 9 | 13 | 16 | 21 |

| 3 | 7 | 11 | 16 | 19 | 23 |

Welche Zahlen verstecken sich jeweils hinter den Früchten?

Finde ein eigenes Rätsel.

Spalte 1

11 <

 > 15

17 >

 < 18

9 <

19 >

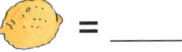 = _____

Spalte 2

 > 12

 < 20

 > 10

13 <

 < 15

 > 9

 = _____

Spalte 3

15 <

 < 20

12 <

19 >

14 <

 > 17

 = _____

Spalte 4

17 >

 < 12

 > 8

15 >

10 <

4 <

 = _____

Spalte 5

 < _____

_____ >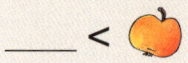

_____ <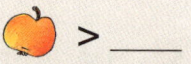

 > _____

_____ >

_____ <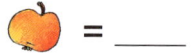

 = _____

In welcher Reihenfolge wurden die Bilder gemalt? (1.) (2.) (3.) (4.) (5.) (6.)

Zahlenpaare finden

Finde immer 12 benachbarte Zahlenpaare.

Immer 15. Färbe gelb.

Immer 12. Färbe grün.

6	1	4	6	3	0	13
9	3	5	7	2	1	2
11	2	6	8	12	7	9
8	10	2	4	3	5	14
4	5	7	12	4	9	6
2	3	11	4	1	3	7
13	9	6	10	8	7	1
7	14	3	2	0	9	5
5	1	8	3	12	4	10

4	7	9	3	7	8	9	1	8	4	6
8	6	1	5	6	0	2	3	1	4	1
3	2	7	0	6	9	10	4	7	6	11
1	9	5	3	8	5	11	1	3	2	4
0	11	2	3	9	4	6	5	7	9	1
12	8	5	4	0	6	5	8	2	12	0

Rechne und schreibe zu jeder Lösungszahl den passenden Buchstaben.

1	2	3	4	5	6	7	8	9	10	11	12	13	14	15	16	17	18	19	20
J	P	S	L	H	Z	R	A	I	E	O	U	N	M	T	F	D	B	K	G

$13 - 9 = \underline{4}$ L $11 - 9 = \underline{}$ ☐ $8 + 8 = \underline{}$ ☐

$16 - 7 = \underline{}$ ☐ $15 - 6 = \underline{}$ ☐ $15 - 8 = \underline{}$ ☐

$8 + 6 = \underline{}$ ☐ $12 - 8 = \underline{}$ ☐ $12 - 4 = \underline{}$ ☐

$7 + 4 = \underline{}$ ☐ $11 - 5 = \underline{}$ ☐ $5 + 7 = \underline{}$ ☐

$2 + \underline{18} = 20$ B $\underline{} + 9 = 17$ ☐ $\underline{} - 6 = 9$ ☐

$4 + \underline{} = 16$ ☐ $\underline{} - 7 = 9$ ☐ $\underline{} - 7 = 5$ ☐

$15 - \underline{} = 8$ ☐ $\underline{} - 8 = 8$ ☐ $\underline{} + 5 = 12$ ☐

$0 + \underline{} = 20$ ☐ $\underline{} + 5 = 15$ ☐ $\underline{} - 9 = 5$ ☐

Welche Zahl ist es?

Ich denke mir eine Zahl. Ich rechne plus 8 und erhalte 14.

_____

Ich denke mir eine Zahl. Ich rechne plus 7 und erhalte 12.

_____

Ich denke mir eine Zahl. Ich rechne plus 5 und erhalte 13.

_____

Ich denke mir eine Zahl. Ich ziehe 6 ab und erhalte 7.

_____

Ich denke mir eine Zahl. Ich ziehe 4 ab und erhalte 9.

_____

Ich denke mir eine Zahl. Ich ziehe 8 ab und erhalte 7.

_____

Welche Zahl muss ich von 17 abziehen, um 9 zu erhalten?

_____

Welche Zahl muss ich von 11 abziehen, um 4 zu erhalten?

_____

✏️ In welche Höhlen kriechen die Schlangen? Rechne und verbinde.

$5 + 3 + 6 - 7 + 2 - 9 + 3 + 8 + 4 - 6 =$ _____

18

$15 - 8 + 4 + 6 - 7 - 5 + 9 + 6 - 7 + 5 =$ _____

12

$8 + 8 - 5 - 6 + 7 + 6 - 9 + 4 + 5 - 6 =$ _____

9

$16 - 5 - 6 + 3 + 7 + 2 - 8 + 3 + 6 - 4 =$ _____

11

$6 + 7 + 6 - 5 - 8 + 6 + 8 - 6 + 1 - 7 =$ _____

14

$12 - 5 - 7 + 8 + 6 + 5 - 7 - 6 + 5 - 0 =$ _____

8

____ + ____ − ____ + ____ = 19

____ − ____ − ____ + ____ = 20

____ + ____ − ____ + ____ = 14

____ + ____ − ____ − ____ = 15

____ + ____ − ____ + ____ = 12

____ + ____ + ____ + ____ = 18

____ + ____ − ____ + ____ = 16

____ − ____ − ____ + ____ = 13

____ + ____ − ____ + ____ = 13

____ + ____ − ____ + ____ = 15

____ + ____ − ____ + ____ = 11

____ − ____ − ____ − ____ = 11

7 ◯ 5 ◯ 4 ◯ 6 ◯ 4 = 18

7 ◯ 5 ◯ 4 ◯ 6 ◯ 4 = 14

7 ◯ 5 ◯ 4 ◯ 6 ◯ 4 = 8

11 ◯ 6 ◯ 3 ◯ 6 ◯ 4 = 12

11 ◯ 6 ◯ 3 ◯ 6 ◯ 4 = 18

11 ◯ 6 ◯ 3 ◯ 6 ◯ 4 = 10

11 ◯ 6 ◯ 3 ◯ 6 ◯ 4 = 16

Huch, die Rechenzeichen sind ja alle verschwunden.

Magische Quadrate

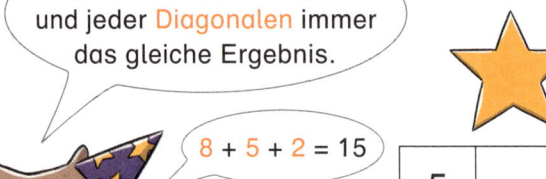

In jeder Zeile, jeder Spalte und jeder Diagonalen immer das gleiche Ergebnis.

8 + 5 + 2 = 15

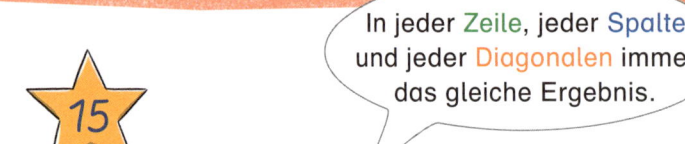

15

8	3	4
1	5	9
6	7	2

5		3
		8
		7

3	8	
	6	
		9

		2
	5	
8		6

	7	
	5	
4	3	

		9
8	6	4

2		
9	4	5

Magische Quadrate

		10
	7	
4		8

	10	
	6	
7	2	

10		
3	7	11

11		
4		
9		5

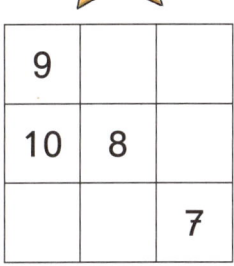

9		
10	8	
		7

5		
	8	6
		11

		4
	5	
6	7	

8		
9	7	5

Gleiches Bild – gleiche Zahl

Welche Zahlen verstecken sich hinter den Tieren?

🐰 + 🐰 = 6
🐰 + 🦔 = 8

🐰 = _____
🦔 = _____

🐑 + 🐷 = 6
🐷 + 🐷 = 10

🐑 = _____
🐷 = _____

🦆 + 🦆 = 4
8 − 🐟 = 🦆

🦆 = _____
🐟 = _____

🦋 − 🐞 = 2
🐞 + 🐞 = 2

🦋 = _____
🐞 = _____

8 − 🐕 = 🐕
🐿️ − 🐕 = 5

🐕 = _____
🐿️ = _____

🐄 − 🐎 = 1
🐄 + 🐎 = 7

🐄 = _____
🐎 = _____

Welche Zahlen verstecken sich hinter den Spielsachen?

🚗 + 🚗 = 12

🧸 + 🚗 = 10

🚗 − 🧸 + 🐌 = 10

⚪ − 🧍 = 13

⚪ − 9 = 9

🧍 + 🚗 = 12

SPIEL + SPIEL + SPIEL = 15

🛹 + SPIEL + 👧 = 20

👧 − 4 = 4

🚗 = _____

🧸 = _____

🐌 = _____

⚪ = _____

🧍 = _____

🚗 = _____

SPIEL = _____

🛹 = _____

👧 = _____

Gleiches Bild – gleiche Zahl

Welche Zahlen verstecken sich hinter dem Gemüse?

(potato) + (potato) + (cucumber) = 16

(cucumber) + (cucumber) + (potato) = 11

(cucumber) + (pepper) + (potato) = 17

(pumpkin) + (pumpkin) + (pumpkin) = 12

(pumpkin) + (lettuce) + (lettuce) = 16

(lettuce) − (mushroom) = 1

(pumpkin) + (lettuce) + (mushroom) = ____

(onion) − 6 = (cauliflower)

(onion) + (onion) = 18

(cauliflower) + (carrot) = (broccoli)

(onion) + 2 = (broccoli)

(potato) = ____

(cucumber) = ____

(pepper) = ____

(pumpkin) = ____

(lettuce) = ____

(mushroom) = ____

(onion) = ____

(cauliflower) = ____

(carrot) = ____

(broccoli) = ____

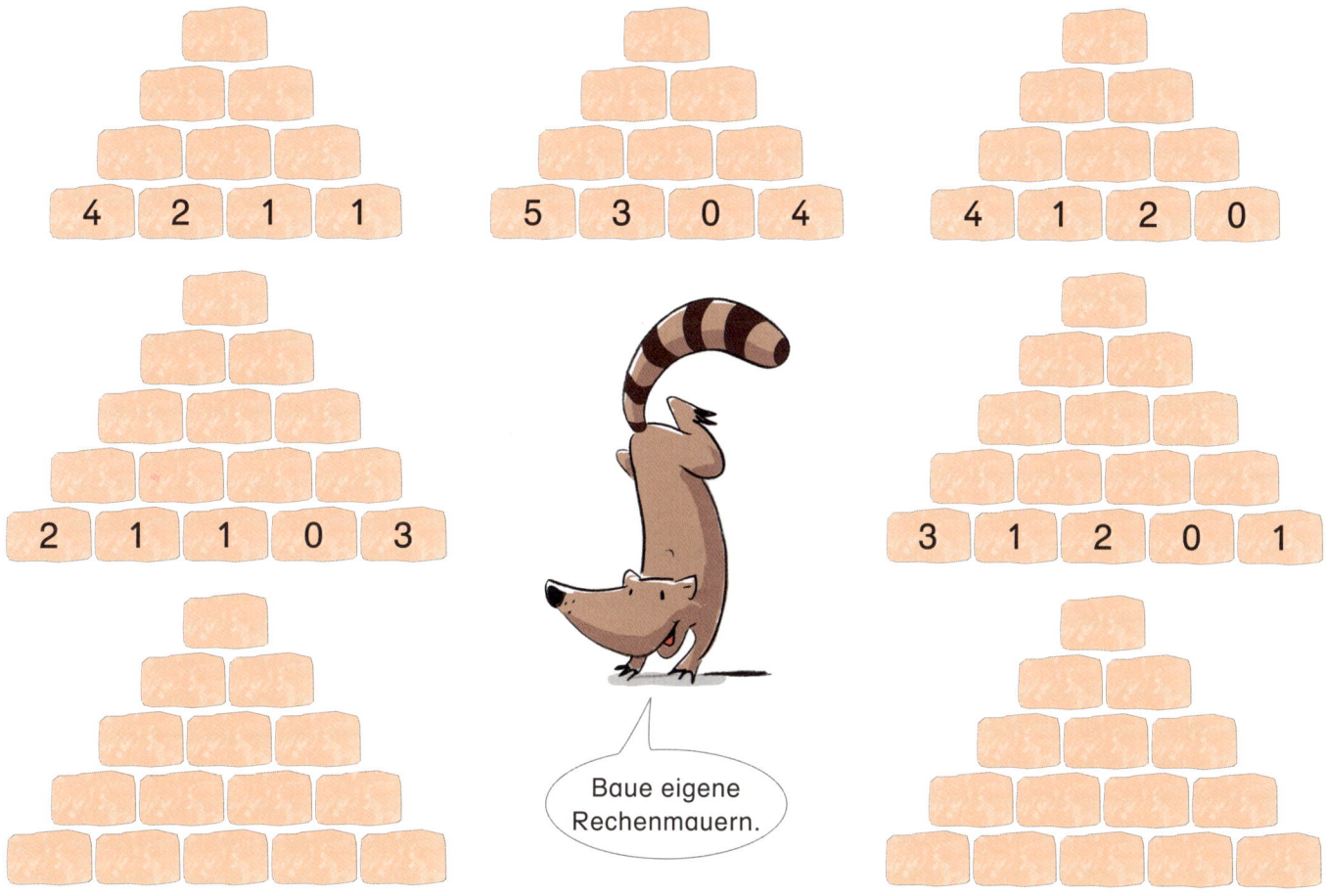

Baue eigene Rechenmauern.

4 2 1 1

5 3 0 4

4 1 2 0

2 1 1 0 3

3 1 2 0 1

Rechenmauern mit Lücken

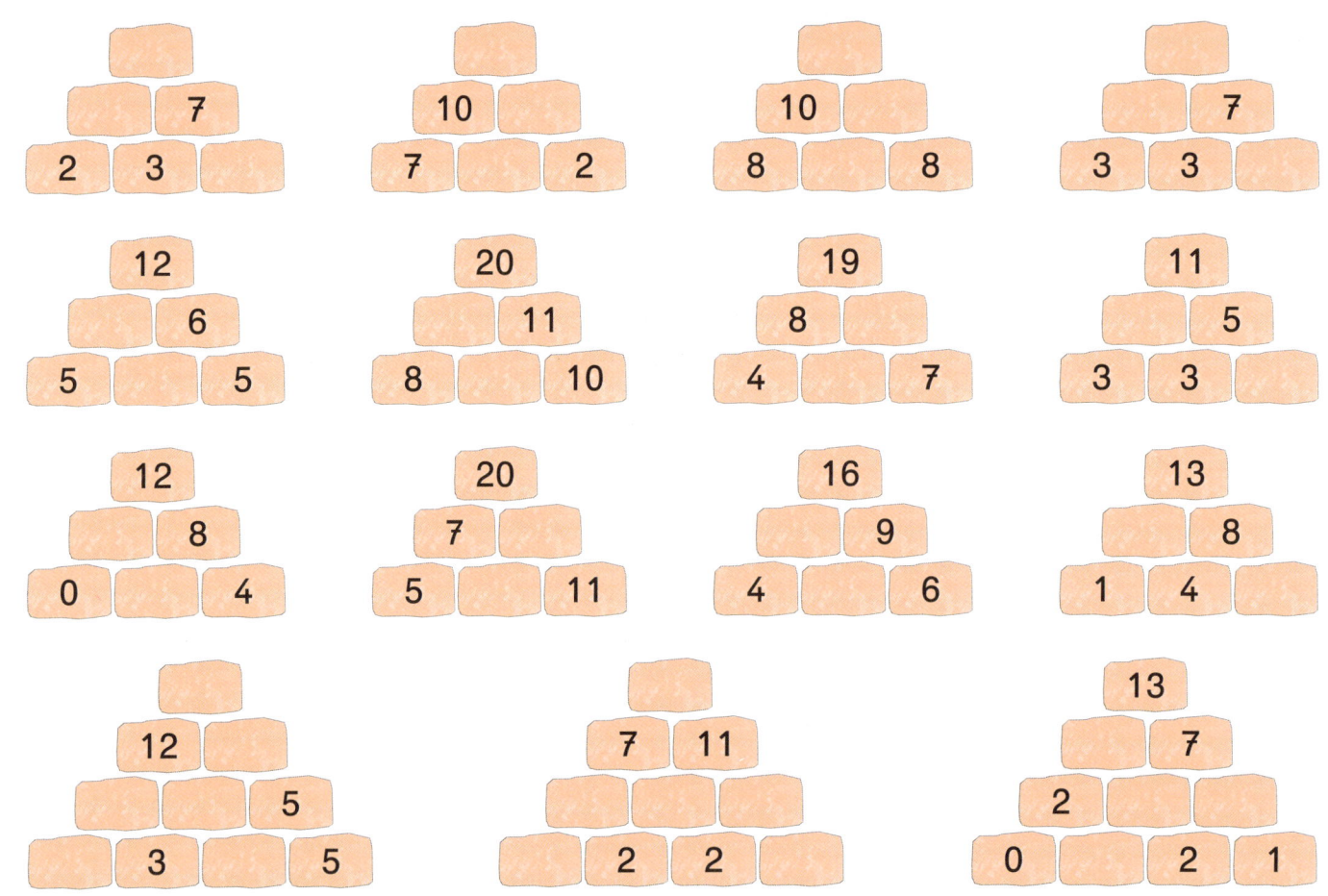

Baue die Rechenmauern richtig auf.

5	9
2	16
7	4

5	9
20	6
11	4

7	2
17	6
8	9

11	5
4	1
10	16

6	6
3	9
3	15

4	8
15	7
4	3

Rechenmauern zum Knobeln

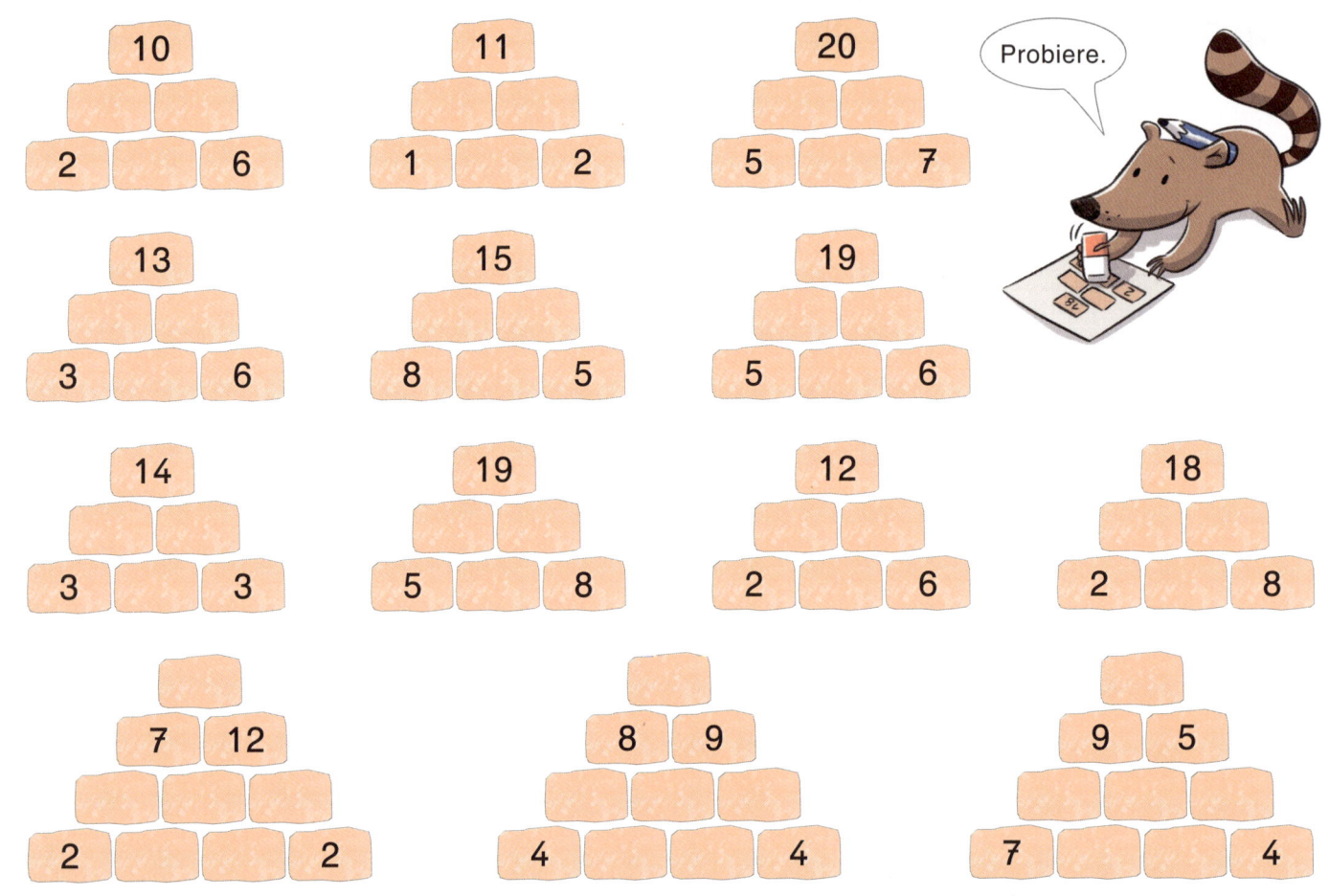

Probiere.

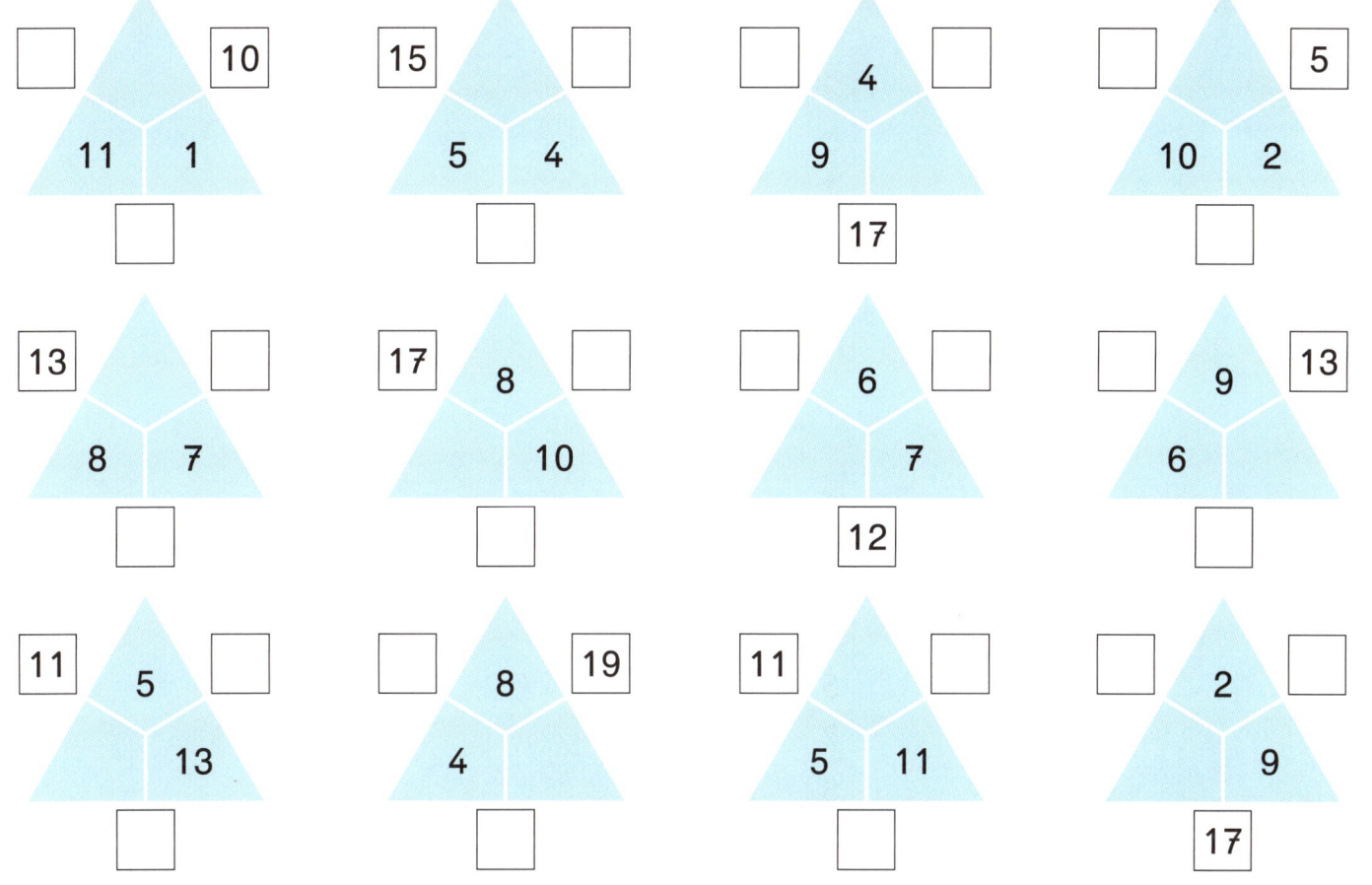

Trage die Zahlen passend ein.

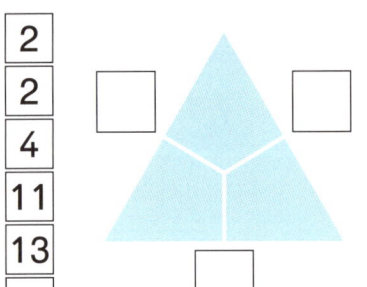

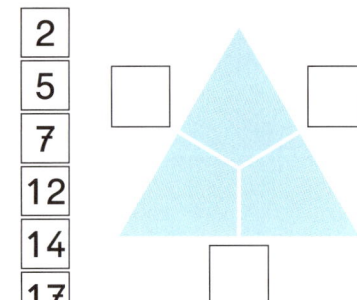

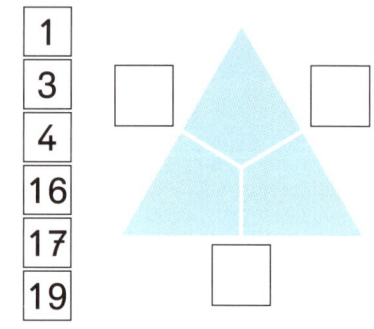

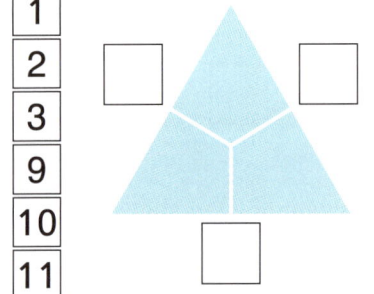

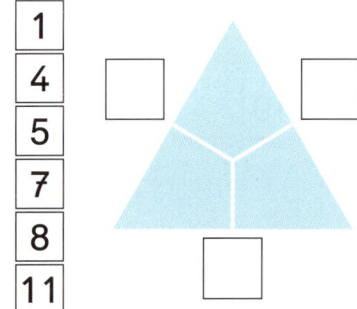

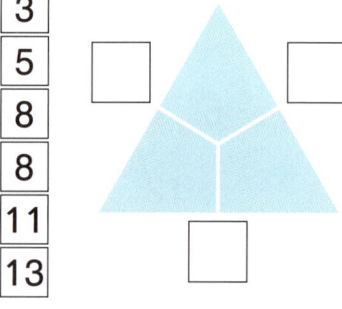

17   19
8

13   10
11

14   15
13

11   20
15

14   5
15

12   20
16

8   10
12

15   6
13

14   7
17

11   7
12

18   19
5

Am Kiosk kann man Erdbeereis,
Schokoladeneis und Vanilleeis kaufen.
Kim kauft sich 3 Kugeln Eis.

Diese Eistüten sind nicht verschieden.

1 Wie viele verschiedene Möglichkeiten gibt es?

 Male an.

Es gibt ____ verschiedene Möglichkeiten.

2 Kim mag kein Vanilleeis. Wie viele Möglichkeiten bleiben für sie übrig?

Es bleiben ____ Möglichkeiten übrig.

Tobi deckt am Wochenende immer den Frühstückstisch für seine Familie.
Wie viele Möglichkeiten hat er das Geschirr zu decken,
wenn Tasse und Teller **nicht** die gleiche Farbe haben sollen?

Es gibt ____ Möglichkeiten.

Ali ist gewachsen und braucht neue Kleidung. Er sucht sich 3 neue Hosen, 3 neue T-Shirts und 2 neue Käppis aus. Finde alle Möglichkeiten, wie er sich anziehen kann.

Im Geldbeutel sind 18 €.
Finde verschiedene Möglichkeiten.

18 €

	10	5	2 €	1 €	50 Cent
1.	0	2	4	0	0
2.					
3.					
4.					
5.					
6.					
7.					
8.					
9.					
10.					

Geldrätsel

 Male die fehlenden Geldbeträge in die Geldbeutel.

Du hast doppelt so viel Geld wie ich.

Du hast halb so viel Geld wie ich.

Wir haben zusammen 16 €. Ich habe 4 € weniger als du.

Wir haben zusammen 14 €. Ich habe 4 € mehr als du.

Ich habe 18 €, du hast 12 €. Wie viel Euro muss ich dir geben, damit wir gleich viel haben?

Robin muss ____ € abgeben.

Ich habe 10 €, du hast 20 €. Wie viel Euro musst du mir geben, damit jeder gleich viel hat?

Ali muss ____ € abgeben.

Ich habe 8 € mehr als du. Wenn ich dir 4 € abgebe, haben wir gleich viel.

Jana hat ____ €, Tobi hat ____ €.

Ich habe 10 € weniger als du. Wenn du mir 5 € abgibst, haben wir gleich viel.

Sofie hat ____ €, Karim hat ____ €.

1 Wie viel Euro haben die Kinder bezahlt?

Ich habe
drei Bücher und
ein Spiel gekauft.

____ €

Ich habe
vier Comics und zwei
Figuren gekauft.

____ €

Ich habe
vier Bücher und
zwei CDs gekauft.

____ €

2 Wie viel haben die Einkäufe gekostet?

_____ €   _____ €   _____ €   _____ €

_____ _____ _____ _____

3 Wem gehören die Taschen? Schreibe den Namen unter die jeweilige Tasche.

Janas Einkauf hat am meisten gekostet.

Tobi hat nicht am wenigsten bezahlt.

Kim hat nur halb so viel gezahlt wie Jana.

Ali hat fünf Dinge gekauft.

1 Was könnten die Kinder gekauft haben? Male oder schreibe.

	hat	kauft		bekommt zurück
	20 €	___ € ___ € zusammen: ___ €		5 € + 1 €
	10 € + 5 €	___ € ___ € zusammen: ___ €		2 € + 2 €

2 Wie viel Euro hatten die Kinder? Schreibe oder male.

	hat	kauft		bekommt zurück
		_____ € _____ €		
		zusammen: _____ €		
		_____ € _____ €		
		zusammen: _____ €		
		_____ € _____ €		
		zusammen: _____ €		

Fredo hat beim Seerosenangeln 11 Punkte geangelt. Fips hat 7 Punkte mehr als Fredo. Frida hat halb so viele Punkte wie Fips. Wie viele Punkte haben die Tiere?

Fredo: _____ Punkte

Fips: _____ Punkte

Frida: _____ Punkte

Frida hat schon 4 Bananen gegessen. Die Schlange und der Affe essen die restlichen Bananen. Der Affe isst doppelt so viele Bananen wie die Schlange.

Der Affe isst _____ Bananen.

Die Schlange isst _____ Bananen.

Die Tiere haben großen Durst. Der Affe und die Schlange
teilen sich die Kokosnusslimos. Fredo trinkt von den
Ananaslimos. Er trinkt eine Limo mehr als der Affe.
Wie viele Limos hat jedes Tier getrunken?

Der Affe hat _____ Limos getrunken.

Die Schlange hat _____ Limos getrunken.

Fredo hat _____ Limos getrunken.

Die Erdbeerernte hat begonnen.
Am ersten Tag erntet Fredo eine Erdbeere und dann an
jedem weiteren Tag eine Erdbeere mehr als am Vortag.
Wie viele Erdbeeren hat Fredo insgesamt am fünften Tag
geerntet?

Fredo hat am fünften Tag schon _____ Erdbeeren geerntet.

Entdeckerpäckchen ⊕

1 Das sollen Entdeckerpäckchen werden. Setze passende Aufgaben ein.

$13 + 2 = 15$

____ + ____ = ____

$9 + 4 = 13$

____ + ____ = ____

$5 + 6 = 11$

$6 + 8 = 14$

____ + ____ = ____

$8 + 6 = 14$

____ + ____ = ____

$10 + 4 = 14$

$4 + 9 = 13$

____ + ____ = ____

$8 + 7 = 15$

____ + ____ = ____

$12 + 5 = 17$

2 Finde ein passendes Päckchen und ergänze den letzten Satz richtig.

____ + ____ = ____

____ + ____ = ____

____ + ____ = ____

____ + ____ = ____

Die erste Zahl wird immer um 3 größer.

Die zweite Zahl wird immer um 1 kleiner.

Das Ergebnis _____.

Entdeckerpäckchen ⊝

1 Das sollen Entdeckerpäckchen werden. Setze passende Aufgaben ein.

$15 - 8 = 7$

____ − ____ = ____

$13 - 6 = 7$

____ − ____ = ____

$11 - 4 = 7$

$9 - 6 = 3$

____ − ____ = ____

$13 - 8 = 5$

____ − ____ = ____

$17 - 10 = 7$

$16 - 7 = 9$

____ − ____ = ____

$10 - 5 = 5$

____ − ____ = ____

$4 - 3 = 1$

2 Finde ein passendes Päckchen und ergänze den letzten Satz richtig.

____ − ____ = ____

____ − ____ = ____

____ − ____ = ____

____ − ____ = ____

Die erste Zahl wird immer um 3 größer.

Die zweite Zahl wird immer um 1 kleiner.

Das Ergebnis _____.

Ist die Beschreibung richtig oder falsch?

plus

| Die erste Zahl bleibt gleich. Die zweite Zahl wird immer um 1 kleiner. Das Ergebnis wird immer um 1 kleiner. | Die erste Zahl wird immer um 2 kleiner. Die zweite Zahl wird immer um 1 größer. Das Ergebnis wird immer um 1 größer. | Die erste Zahl wird immer um 1 kleiner. Die zweite Zahl wird immer um 1 größer. Das Ergebnis bleibt gleich. |

✗ ✓   ✗ ✓   ✗ ✓

minus

| Die erste Zahl bleibt gleich. Die zweite Zahl wird immer um 1 kleiner. Das Ergebnis wird immer um 1 kleiner. | Die erste Zahl wird immer um 2 kleiner. Die zweite Zahl wird immer um 1 größer. Das Ergebnis wird immer um 3 kleiner. | Die erste Zahl wird immer um 1 kleiner. Die zweite Zahl wird immer um 1 größer. Das Ergebnis bleibt gleich. |

✗ ✓   ✗ ✓   ✗ ✓